As Elites Politicas

Bancadas Suprapartidárias

1998 a 2018

Aluno- Dos Santos, Alex Fernandes

Professor Dr.Simioni, Carlos Alberto

RESUMO

Nesse artigo apresento uma analise do nosso sistema politico, as formas de atuação dos parlamentares, e as influências de suas origens sociais e intelectuais como ponto chave para o a formação das bancadas suprapartidárias, seus pontos positivos e negativos, para assim fazer uma avaliação do nosso arranjo institucional e demostrar a necessidade de profundas mudanças, utilizando como base para o conteúdo aqui apresento um referencial teórico de artigos científicos sobre a formação do estado brasileiro, nosso arranjo institucional e a participação das elites politicas e econômicas na formação do nosso DNA institucional e na formação das bancadas suprapartidárias. Demostrando assim que a formação da elite politica brasileira caminha paralelamente com a construção do estado brasileiro desde o período colônia, passando pelo período imperial e chegando à república, tendo assim nossa evolução institucional contribuído para constituição do nosso DNA institucional, o qual é o conjunto de nossa herança institucional e cultural, sendo fundamental na formação da nossa elite politica, e no funcionamento das nossas instituições públicas, o que podemos notar claramente no período analisado de 1998 a 2018, a atuação constante e ordenada das elites politicas e econômicas na organização do estado brasileiro, e a forma de atuação dos diversos grupos de pressão, como também a influência clara do poder econômico sobre boa parte da elite politica como também sua participação direta com apresentação de quadros próprios para fazerem parte da elite politica, ficando mais claro ainda a influência do poder econômico na formação das elites politicas quando analisamos a composição social dos partidos, e na composição da câmara dos deputados pelo nível de formação e renda dos parlamentares e a identificação da localização desses representantes no contexto ideológico dentro da câmara dos deputados, e a influência desses seguimentos na formação das bancadas suprapartidárias como meio de força para pautar os encaminhamentos de assuntos de interesse mais localizados e objetivos de diversos seguimentos da sociedade, como também das elites econômicas, ou seja é o lobby institucionalizado, sendo esse lobby institucional uma realidade em vários países do mundo, tanto que em vários foi regulamentado em lei a atuação de profissionais para realizarem a defesa de interesses dos diversos grupos de pressão, o qual não é o caso do Brasil, sendo em nosso país desenvolvido informalmente e institucionalizado através das bancadas suprapartidárias, as quais tem como a principal e mais bem organizada dentro da câmara dos deputados a FPA(Frente Parlamenta Agropecuária), que assim como as demais teve o crescimento entre 2002 e 2005, e reflete a fragilidade de nosso sistema politico e dos partidos em dar respostas imediatas aos problemas nacionais, que em virtude da fragilidade do nosso sistema eleitoral mantem os detentores de mandato em disputas constantes entre seus pares, em virtude da forma como são eleitos os representantes para a câmara dos deputados em um único distrito para todas as vagas, tornando as campanhas personalistas e sem debate programático e ideológico em um pluripartidarismo de 35 partidos, sendo que apenas 12 tem as maiores bancadas, demostrando claramente a necessidade de uma reformar politica profunda.

Palavras -chave: Elites Politicas . Bancadas. DNA institucional.

*Autor; Alex Fernandes dos Santos-Uninter-Curso de Bacharelado em Ciência Politica
* Professor orientador: Dr. Carlos Alberto Simioni ;Dr. Em Meio Ambiente e desenvolvimento; Mestre em Sociologia; Graduado em Ciências Sociais.

1 INTRODUÇÃO.

Durante o período de 1998 a 2018, o arranjo institucional brasileiro passou por várias transformações, as quais são consequências das mudanças sociais e avanços do acesso a informação e a educação, e a participação popular nas tomadas de decisões, como também as novas formas de organização partidária, e a formação das bancadas suprapartidárias e sua crescente força dentro do congresso nacional.

Na Câmara e no Senado, existe o confronto constante de várias correntes ideológicas e interesses individuais e de grupos econômicos, os quais determinam a pauta do parlamento, o qual é composto por uma elite politica profissionalizada e organizada de uma forma que suplanta os próprios partidos, formando assim as bancadas suprapartidárias dentro do parlamento brasileiro e tomando uma proporção de grande importância na tomada de decisões das duas casas legislativas, tanto que a câmara dos deputados regulamentou a forma de constituição, organização e os direitos das mesmas em utilizar espaços e recursos da casa legislativa para seu funcionamento.

Assim em virtude da importância das elites politicas e as bancadas suprapartidárias será nesse artigo realizado um levantamento histórico da construção do nosso aparato institucional para assim nos aprofundar através de todo o referencia teórico, o qual aqui será utilizado como norte para apresentar um conteúdo baseado em estudos científicos e uma analise sobre a influência das bancadas suprapartidárias e a participação das elites politicas e econômicas e dos demais grupos de pressão nas decisões do congresso nacional, em especial na câmara dos deputados.

Inicialmente apresentarei um levantamento histórico do contexto politico do pais desde o império a atual república, a influência das oligarquias sobre a formação da elite politica, e demostrar a diferença entre elite econômica e elite politica e a constante luta de interesses entre os diversos grupos ideológicos, os quais formam o nosso conjunto institucional, e logo após irei tratar sobre os partidos políticos e suas bancadas durante o período de 1998 a 2018 e a formação das bancadas suprapartidárias, suas formas de atuação dentro do congresso nacional, a atuação dos demais grupos de pressão , e ao final chegaremos as conclusões sobre a influência histórica na formação do pensamento nacional, a herança institucional com seus pontos positivos e negativos, e as várias mudanças institucionais até a atualidade, os problemas atuais e a necessidade de uma grande reforma politica.

2 AS ELITES POLITICAS.

O Brasil desde o seu período colonial, passando pelo período imperial até chegar a nossa atual república, passou por todos esses períodos por transformações sociais, econômicas e politicas, as quais foram feitas pelos vários grupos de pressão, constituídos pela elite politica e econômica, sempre em defesa de seus interesses, os quals de acordo com o contexto se agruparam de várias formas para terem influência sobre as decisões do governo.

No período colonial existiam grandes movimentações por parte dos abolicionistas pela libertação dos escravos, e por parte da elite econômica, a movimentação pela independência do Brasil, tendo os abolicionistas interesses também na independência, tornando-se assim uma movimentação de um interesse coletivo entre as massas e as elites politicas e econômicas, pois ambos também queriam a abertura do mercado brasileiro para poder negociar com outros países, e naquele momento viram como alternativa apoiar uma transição de colônia para se tornar um império, aproveitando o príncipe regente no Brasil, Dom Pedro I, para manter a unidade nacional, pois o príncipe tinha apoio popular e legitimidade para formar o novo país, pois também contava com apoio das oligarquias da época.

No período imperial, as elites politicas se organizaram na assembleia constituinte para elaborar a primeira constituição, mas em virtude de contrariarem os interesses do imperador, foi dissolvida e nomeada uma comissão de 10 membros os quais apresentaram em 1824 à primeira constituição do Brasil, a qual foi aceita pelo imperador e nesse momento as elites politicas e econômicas se organizaram nos partidos conservador e liberal.

No segundo reinado, a família imperial já tinha realizado vários avanços na organização do estado Brasileiro e criado o caminho para libertação dos escravos que ainda não tinha ocorrido em virtude da pressão dos grandes produtores rurais, mas nesse mesmo período sobre a regência da princesa Isabel foi aprovada a lei áurea pela câmara dos deputados e pelo senado imperial, mas isso custou o trono do imperador, pois os grandes produtores rurais e uma parte da elite econômica com o apoio dos militares tomaram o poder e fundaram a república; o sistema oligárquico apoiou a mudança do sistema politico para manutenção dos seus interesses, criando a possibilidade das demais frentes ideológicas participarem de uma forma que fosse mantido o controle pela elite econômica pela criação de uma poliarquia e não uma democracia de fato.

> "Mesmo com a exclusão do período imperial e escravista, não existe consenso sobre o fim do predomínio politico oligárquico nem se dá por completa a transformação capitalista do país". **(Santos, 2013, p. 17)**

No período monárquico a renovação da elite politica no parlamento brasileiro era constante, em media uma renovação de 65%, sendo que 73% dos parlamentares apenas participavam de uma única legislatura, garantindo assim um rodizio da resumida elite econômica no poder e evitando a formação de uma elite parlamentar profissionalizada, ou seja, uma possível oposição ao poder moderador do Imperador, o qual em virtude da existência de apenas dois partidos, o conservado e o Partido Liberal, revezava ambos no poder na formação dos gabinetes, e com o controle eleitoral na mão da lavoura escravista assim se garantia aa estabilidade do regime, e com a implantação da República em 1889 a elite econômica e politica assumiram totalmente o poder ,abolindo as instituições monárquicas, entre elas o poder moderador, ratificou a abolição da escravidão e extingui o requisito de renda para participação nas eleições, mas manteve a proibição de voto para os analfabetos e mulheres.

Mesmo com a mudança do sistema e da forma de governo as oligarquias preservaram seus interesses, pois mesmo eliminando o requisito de renda mínima para poder participar do processo eleitoral, utilizaram formas informais para controlar a alternância no pode como o utilizado a partir de 1902 o colégio eleitoral informal, no qual 39 representantes dos estados e do governo, escolhiam o nome do candidato a presidente para a eleição formal para assim evitar confronto entre as oligarquias existentes, sendo assim em um período de 182 anos de vida nacional independente, 164 anos foram de oligarquia escravista transformada em democrática capitalista.

Em todo o período da primeira república, os grupos de pressão existentes formados pela elite politica e econômica, unidos defenderam os interesses das classes mais privilegiadas, sempre criando formas de restringir a participação das massas populares nas decisões e na politica, tendo com o tempo, até chegar aos dias atuais com o avanço e modernização do sistema democrático e o aparecimento de vários outros grupos de pressão, forçando várias mudanças como a eliminação do bipartidarismo, criando assim a possibilidade da participação de várias correntes ideológicas e a formação de vários grupos de pressão, os quais no parlamento em certos momentos se associam por interesses comuns, sendo assim no nosso sistema de governo ou arranjo institucional, ou seja, o presidencialismo de coalizão, e a forma como são eleitos os parlamentares, e a existência de 35 partidos, propicia em nossa semidemocracia fragilidades que criam a possibilidade para instabilidades constantes, e a formação de vários grupos de interesses que podem suplantar as reais reivindicações da grande maioria da população, como a formação das bancadas suprapartidárias pelas elites politicas.

> [...]Daí resultaram maiores amplitude e pluralidade de interesses, acentuando a competitividade e o antagonismo e alargando o escopo do conflito, em todas as suas dimensões. Ao mesmo tempo, o Estado cresceu e burocratizou-se e a organização política seguiu estreita e incapaz de processar institucionalmente toda essa' diversidade, de agregar e expressar com eficácia e regularidade a pluralidade de interesses e valores. O dilema institucional brasileiro define-se pela necessidade de se encontrar um ordenamento institucional suficientemente eficiente para agregar e processar as pressões derivadas desse quadro heterogêneo, adquirindo, assim, bases mais sólidas para sua legitimidade."
> (Abranches, 1988, p. 7)

Quando falamos grupos de interesses, nos referirmos à diversa representação no congresso nacional dos vários seguimentos da sociedade, os quais eleitos pelo povo se profissionalizam na atividade politica e se tornam a elite politica, não apenas composta de membros da elite econômica do país, mas também eleitos de outras classes sociais, os quais vão se aprimorar no conhecimento do processo legislativo e apresentar as mudanças em nosso ordenamento jurídico, sendo que a representação no parlamento não tem mudado com o passar dos anos a forma de atuação dos parlamentares em virtude do nosso sistema eleitoral, o multipartidarismo e nosso arranjo institucional facilitar a influência do poder econômico nas decisões do congresso nacional, tendo como interesses do poder econômicas a garantia de privilégios e a defesa de seus interesses, financiando assim várias candidaturas para formação de bancadas suprapartidárias para focarem na defesa de seus interesses.

Essa avaliação podemos fazer a partir da analise dos dados fornecidos pelo Diap(Departamento Intersindical de Assessoria Parlamentar), nos quais temos a origem social, educacional e econômica dos parlamentares, assim tendo um quadro da real participação dos diversos grupos de pressão da sociedade, e a verdadeira força das elites econômicas dentro do congresso nacional e sua verdadeira influência na formação das grandes bancadas suprapartidárias.

Mas também podemos explicar a realidade brasileira indo a fundo a nosso contexto histórico, o qual é o responsável pela formação do que podemos chamar de DNA institucional, o qual é o fruto formado do aparato cultural e estatal herdado do período colonial pelo império, o qual foi estabelecido sobre a estrutura colonial, suas normas e cultura, tendo a república se estabelecido sobre a estrutura do império herdando suas instituições, estruturas e servidores públicos, e conseguintemente até chegar a nossa constituição de 1988, tendo assim entranhado em nossa sociedade todo um contexto social e cultura o qual mantem as instituições e nosso arranjo institucional para manter o controle da minoria sobre a maioria pobre.

> [...]é imprescindível explicitar a definição de "poder" com a qual se está lidando. Essa dificuldade passa, necessariamente, pela discussão teórica sobre o conceito de poder, suas noções correlatas ("influência", "autoridade" ou "liderança", etc.)[...] Passa ainda pela forma como se concebe a distribuição do poder numa comunidade ou organização. Uma estrutura de poder pode ser competitiva (Dahl), hierarquizada (Mills) ou altamente integrada (Hunter). **(Codato,2015.p.19)**

Na verdade temos uma democracia de auditório, onde o eleitorado vota em um sistema eleitoral o qual eles mesmos não entendem como são feitos os cálculos para eleição dos parlamentares, votam em um candidato e ajudam a eleger outros os quais não se afinam com as ideias desse mesmo eleitorado, e depois os eleitores não acompanha e nem participam do processo de decisão no congresso, fica apenas a elite politica responsável por tomar as decisões e apenas quatro anos depois o eleitorado passivamente participa mais uma vez da eleição, sem ainda entender como são de fato eleitos seus representantes; Tudo isso proporcionado pela estrutura estatal estabelecida e formada culturalmente de uma forma conservadora da separação de classes e da dominação do poder econômico sobre as decisões do governo, sendo utilizada para isso uma elite politica, a qual é responsável dentro do parlamento a travar vários embates com os vários grupos de pressão da sociedade, os quais são representados por parlamentares eleitos por esses grupos, e ambos os lados se organizam em bancadas suprapartidárias para defender suas ideias.

As elites politica são diferentes da definição de elites sociais, tendo em vista que a primeira é dotada de capital simbólico, qual é acumulado pela ocupação nos espaços de comando estatal ou pela capacidade de influência em virtude da profissão e capacidade intelectual e de acesso à mídia, que resulta no reconhecimento por parte do eleitorado, enquanto a elite social é a detentora do poder econômico e de altas relações com diversos seguimentos sejam eles empresariais, estatais e da mídia, mas ambas fazem parte da relação de reconhecimento e poder, o qual independe de ocupação direta na cadeia de comando do estado para influência nas decisões.

Essa relação de reconhecimento e poder são em virtude independentemente de estarem ocupando espaços na estrutura estatal de comando, tanto a elite politica e a social tem interesse em ter parcela de poder, influência e comando sobre as decisões do estado e do reconhecimento da sociedade para criação de uma relação de dependência das massas para assim poderem de forma indireta interferir nas decisões do estado e defender seus interesses.

[...]"Definição de quem "manda" exige que se pense em três conceitos da teoria politica: poder, influência e decisão". **(Codato, 2015, p. 16)**

A construção das elites acompanha o desenvolvimento da sociedade, a qual estar em constante mudança, e para a manutenção do poder, seja ele de forma direta ou indireta, as elites se adaptam e criam novas formas de seleção de lideranças para ocuparem as posições de comando na estrutura estatal, a qual é hierarquizada e organizada para manutenção e perpetuação de privilégios para aqueles que de fato detém o poder e comando na estrutura social, assim como defini Wright Mills(1956), que os membros da elite são aqueles que "ocupam as posições estratégicas de comando da estrutura social".

Essa elite do poder, a qual reuniu todos os recursos necessários, sejam dinheiro, capital simbólico e prestigio, para assim influência desde a escolha até a eleição dos representantes políticos e depois dentro do governo, para assim ter a concentração dos postos de comando e poder determinar a politica do estado de uma forma que não interfira em seus interesses e ao mesmo tempo possam usar de forma "legal" o aparato do estado para o controle das massas através da viabilização de "benefícios" que diminuam os efeitos causados pela concentração de poder nas mãos de uma minoria.

Assim podemos definir que as elites politicas são aqueles que detêm a concentração do poder, ou seja, o capital simbólico, social, econômico, e a detenção da legitimidade concedida pela maioria para governar e determinar as normas para o funcionamento da sociedade, podendo exercer esse poder de decisão e influência mesmo estando fora das posições de comando na hierarquia estatal em virtude do seu forte capital de relacionamento social, e influência sobre as decisões dos demais grupos de pressão.

> A elite é simplesmente o grupo que tem o máximo que se pode ter[...]dinheiro, poder, prestigio, isso em virtude de estar nas posições centrais nas grandes instituições.**(Mills.1956, capitulo I)**

Então para entender as elites, temos que entender de fato o que é o poder, e sua relação durante a historia humana para construção da sociedade nos dias atuais, o qual é o gerador de tantas disputas e confrontos entre as camadas sociais pela distribuição do poder, o qual é definido como a capacidade de tomar decisões ou influência aqueles que têm a legitimidade e a função politica para toma-las, pois nem sempre as decisões se originam dos comités burocráticos, partidos políticos ou repartições administravas, mas sim de uma elite a qual tem os meios de influenciar aqueles que estão nos postos de comando.

Assim podemos afirmar que a elite politica é identificada dentro da câmara dos deputados por aqueles que ocupam as funções de comando e liderança dentro do poder legislativo, e que influenciam a decisão dos demais parlamentares e da opinião pública, os quais também podem ser identificados através das informações sobre suas formações profissionais e sua origem familiar.

3 COMPOSIÇÃO SOCIAL DOS PARTIDOS.

No nosso sistema eleitoral é garantido aos partidos políticos autonomia interna para deliberar sua linha de atuação e a forma de seleção dos seus quadros políticos para as disputas eleitorais, e essas normas dos partidos e a forma como é feito o recrutamento dessas lideranças na verdade se torna um meio de definir quem de fato será eleito, pois em virtude da fragilidade ideológica da maioria dos partidos, sendo até alguns considerados partidos com donos, se tornam centralizadas as decisões partidárias nas escolhas dos candidatos. A legislação foi criada de uma forma que desestimula iniciativas individuais para lançamento de candidaturas, por isso a importância dos partidos e seu funcionamento interno de recrutamento e seleção de lideranças para disputas eleitorais, como também às várias normas na legislação garantem a participação das mulheres e a possibilidade de filiados apresentarem registro de candidaturas para vagas remanescentes, mas sempre prevalece a força dos agrupamentos internos dos partidos.

Além das normas partidárias para o recrutamento de lideranças, ainda prevalece em nossa democracia o poder econômico, a origem familiar e interesses individuais, e a necessidade de agrupamento de forças dentro do congresso nacional para poder ter peso de decisão para influência na pauta do parlamento, sendo esse agrupamento de forças politicas com interesses comuns, assim aparecendo as bancada suprapartidárias, formadas por parlamentares de diversas legendas, mas com foco no mesmo tema de interesse. Nem sempre esses interesses são os mesmos da coletividade, ou seja, o povo, pois as falhas em nossa legislação e em nosso arranjo institucional criam espaços para utilização da maquina estatal para obtenção dos interesses de grupos econômicos e abre caminho para corrupção de parlamentares e demais funcionários públicos, assim demostrando claramente a necessidade de uma grande reforma politica.

Essa reforma se demostra cada vez mais necessária quando examinamos a composição social dos partidos políticos, e verificamos que não existe um equilíbrio entre as representações dos seguimentos da sociedade, nos quais verificamos que quanto mais à direita se concentram os parlamentares mais abastados, com maior patrimônio e dos seguimentos empresariais, principalmente do agronegócio e capitalistas, e quanto mais vem da direita para esquerda é maior a concentração de parlamentares profissionais liberais, e na esquerda se concentrando representantes das classes mais populares, operários, trabalhadores do setor de serviços, em numero menor que os dois seguimentos anteriores, e esses se concentram mais no Partido dos Trabalhadores, como também existem os políticos profissionais, os quais vem de famílias tradicionais na politica, os quais logo que conclui sua formação universitária ou até antes mesmo entram para a politica; Isso é o que chamamos de composição social dos partidos, os quais conforme sua ideologia apresenta concentração ou são mesclados com seguimentos de classes.

há o conceito de capital político, extraído da Sociologia de Pierre Bourdieu. Ele indica o reconhecimento social que permite que alguns indivíduos, mais do que outros, sejam aceitos como atores políticos e, portanto, capazes de agir politicamente **(Miguel, 2003, p. 115)**

A composição dos partidos e a escolha de seus candidatos para compor a câmara dos deputados, também são influenciadas pelo capital politico dos indivíduos que se apresentam com interesse de se dedicar a vida pública, e esse capital politico é definido pela pré-disposição de condições profissionais, intelectuais, econômicas e sociais, o que podemos chamar de atributos que geram a legitimidade simbólica construído através também das qualidades individuais, ser apresentável, saber negociar, cultivar compromisso, falar bem, evitar arrogância, saber tomar uma decisão baseada na intuição, ou seja, um saber prático, e a origem família, ou seja, o capital social e politico herdado, assim juntos esses fatores influência o crescimento politico e espaços dentro da estrutura partidária.

Mas esses fatores apresentados não significa que exista uma exclusão social no campo politico, pois como já citamos aqui a elite politica é constituída de representantes dos vários grupos de pressão existentes, de variadas profissões e com capital politico variado e construído dentro da estrutura social a qual estar sempre em constante mudança, e influenciada pelos modernos meios de comunicação e por mudanças da opinião pública, e em virtude dos espaços de atividade politica na vida profissional, educacional, sindical e social, assim várias pessoas se tornam detentores de capital politico e são legitimados pela sociedade como referencia politica, lideranças que se estabelecem. Assim sendo, em nossa democracia, com o pluralismo partidário existente, há possibilidade de vários seguimentos da sociedade ter representantes no campo politico e na ocupação de mandatos eletivos em virtude das várias ideologias existentes e da forma de recrutamento partidária, e a formação de novos quadros.

PROFISSÕES/OCUPAÇÕES TOTAL DA CÂMARA DOS DEPUTADOS Empresários (todos os tipos) 43,5% Profissões liberais e intelectuais 31,6% Administração pública 20,0% Professores 15,8% "Comunicadores" 6,4% Pastores e padres 3,5% Empregados não manuais em serviços 2,7% Trabalhadores industriais e lavradores 2,0% Outras situações 1,2% Total 126,7% N: 513 Quadro II Profissões/Ocupações Agregadas no Total da Câmara dos

Nos partidos de direita a concentração social dominante é de representantes da classe alta, e ao centro os partidos são mesclados com seguimentos das classes altas e média, sendo em ambos tendo sua composição dominante de funcionários públicos de alto escalão, diretores de estatais, grandes empresários ou executivos de grupos econômicos, sendo esses partidos as maiores bases de organização de bancadas suprapartidárias com foco em temáticas especificas de interesse. Essas bancadas suprapartidárias em teoria tem a finalidade de agregar parlamentares de várias legendas para defender em bloco temas de interesse de todos os parlamentares que as compõe, os quais deveriam ser os mesmo interesses da coletividade, mas na maioria das vezes essas bancadas são formadas por representantes financiados por grupos econômicos para defesa de seus interesses, o qual não seria nada demais, pois é necessário que existam variados grupos de pressão para através do debate e da disputa desenvolver alternativas para os problemas nacionais, mas a fragilidade do nosso sistema politico criar as possibilidades para distorções dos objetivos reais, assim como é confirmado segundo Bolívar Lamounier e Rachel Meneguello(1986.p 9) citado por Leôncio Martins Rodrigues (São Paulo 2002)"Em perspectiva comparada ,o Brasil é um caso notório de subdesenvolvimento partidário".

Esse subdesenvolvimento partidário é consequência de antigos vícios entranhados dentro da nossa estrutura estatal, a fragilidade da nossa legislação e a fraca participação politica da população na discursão dos problemas nacionais, os quais deixam nas mãos da elite politica a tomada das decisões e apenas participam do processo eleitoral, sem tem qualquer conhecimento sobre as ideologias e projetos partidários, criando assim um congresso sem maioria ideológica, e assim em virtude do nosso arranjo institucional ser pretenso a constante instabilidade, pois no presidencialismo de coalizão o presidente é eleito para depois viabilizar uma maioria no congresso com trinta partidos de variadas correntes ideológicas, isso em virtude do eleitorado não entender de fato a forma como são eleitos os parlamentares e como o seu voto influência na eleição de outros parlamentares que eles não votaram e não queriam no parlamento.

Um dos vícios existente em nossa sociedade e no sistema politico, é a forma de seleção iniciada pelos filtros sociais, exercidos de forma inconsciente, e até não admitida, mas em forma de consciência coletiva, um costume da sociedade de criar e tentar manter formas de castas para assim controlar e tentar manter os indivíduos em suas classes de nascimento, impedindo a ascensão das demais classes aos postos de comando eletivo ou não, garantindo esses espaços para os representantes das classes mais altas, utilizando para isso referencial como o ramo profissional, formação educacional e origem família para legitimar pessoas como referência para a sociedade, o que vem sendo combatido em nosso sistema democrático, o qual mesmo imperfeito ainda cria possibilidade para construção por parte de representantes dos diversos seguimentos sociais e econômicos de capital politico necessário para tornar a representação diversa na câmara dos deputados, más mesmo assim a representação se concentra em lideranças fabricadas pelo capital econômico.

> "Mas, dirão, um fenômeno só pode ser coletivo se for comum a todos os membros da sociedade ou, pelo menos, à maior parte deles, portanto, se for geral. Certamente, mas, se ele é geral, é porque é coletivo (isto é, mais ou menos obrigatório), o que é bem diferente de ser coletivo por ser geral. Esse fenômeno é um estado do grupo, que se repete nos indivíduos porque se impõe a eles. Ele está em cada parte porque está no todo, o que é diferente de estar no todo por estar nas partes[...]". **(As regras do método sociológico, p.09)**

Também as rupturas que existiram em nosso sistema democrático e o domínio das oligarquias, as quais sempre conduziram o processo eleitoral e praticamente determinavam previamente aqueles que deveriam ser eleitos, atrasou assim o desenvolvimento politico a construção das identidades partidárias e de lideranças populares, principalmente dos partidos de massa, e mesmo nos dias atuais com todos os avanços em nosso sistema democrático ainda somos influenciados pelos traços das oligárquias ainda presentes na sociedade brasileira e em nossa consciência coletiva, sendo clara na câmara dos deputados essa influência quando examinamos a origem dos parlamentares, suas profissões e origem social, onde temos um parlamento em sua maioria formado por empresários representantes de grandes grupos econômicos, representantes de clãs familiares com cadeiras praticamente cativas no parlamento e uma minoria de representantes de diversas profissões e das classes menos favorecidas.

Mesmo com o surgimento da tão falada nova politica, a qual é inexistente, mas de fato é uma nova vestimenta proposta por representantes das antigas oligarquias, as quais vêm como alternativa se revestir desse discurso para desacreditar as organizações partidárias e as instituições, para implantar uma dominação sem rosto, pratica comum do poder econômico para se apoderar do estado com o argumento do liberalismo econômico e da prosperidade coletiva, mas na verdade é para realizar o enfraquecimento da participação no parlamento de lideranças politicas e partidos de massa em desenvolvimento, e assim manter uma hierarquia e a concentração de renda, criando assim a disparidade de representação dentro da câmara dos deputados de um país de maioria de assalariados governados por uma minoria detentores do capital econômico.

Essa rigidez da elite nacional em aceitar a mudança, o desenvolvimento das classes menos favorecidas e os vários direitos adquiridos, já foi consequência em nosso passado para implantação de uma ditadura militar, pois quando as oligárquias não conseguiam atingir seus objetivos pelo voto, utilizava a força, isso várias vezes em nossa historia, e em virtude da magnitude do capital politico necessário para a câmara federal ser grande, ainda existe essa exclusão de representantes das massas no parlamento, tendo sido ampliada com o tempo em virtude da redemocratização e dos meios de comunicação, e as novas formas de mídia através das redes sociais, criando possibilidade para construção de capital politico partidário e de suas lideranças para ocupação de espaços no contexto politico nacional.

Quando eu disputei a primeira eleição, em 1958, havia mais ou menos uma distribuição de candidaturas entre as regiões, feita pelo líder e chefe do partido. No caso de Minas Gerais, do meu partido, o PSD mineiro, o chefe foi Benedito Valadares, que era muito habilidoso nessa distribuição. E a coisa foi funcionando; mas, com o advento da televisão, acho que a comunicação de massa perturbou muito essa organização proporcional. A televisão levou muita realidade ao interior e então começaram a aparecer as explicações [...]. Enfim, quebrou-se aquele ritmo, aquele respeito e relacionamento que havia entre a liderança estadual e as lideranças municipais que obedeciam, quase religiosamente, ao comando estadual. **(Israel Pinheiro Filho, citado por Trindade, 1992, p. 258)**

Então em virtude das várias rupturas institucionais, nossa poliarquia tem sido construída lentamente e em remendos institucionais, os quais têm criado fragilidades em nosso sistema eleitoral e o enfraquecimento ideológico dos partidos, resultando em multipartidarismo que não contribui para o fortalecimento das nossas instituições e nem cria uma representação na câmara dos deputados que corresponda a realidade dos anseios populares, e assim constituindo um parlamento que representa bem claramente a desigualdade social brasileira. Assim dentro desse caldeirão de ideologias e interesses, surgem as bancadas suprapartidárias, compostas por parlamentares de vários partidos com interesses comuns, os quais representam vários grupos de pressão, e se tornaram importantes e profissionalizadas dentro da câmara dos deputados e representam a fragilidade dos partidos políticos, principalmente os partidos profissionais sem qualquer ideologia, e assim se tornando tão forte na atuação parlamentar que a própria câmara dos deputados criou regulamentação para criação, forma de composição, registro e numero mínimo e máximo, e o limite de atuação dessas bancadas, e mesmo com toda a força de representação os parlamentares mantem boa relação com seus lideres e partidos, pois mesmo com a força das suas bancadas suprapartidárias os partidos são os controladores dos recursos partidários e tem o "controle" dos seus votos e dos mantados.

> "Campo" é empregado, aqui, no sentido que a Sociologia de Pierre Bourdieu dá à palavra: um sistema de relações sociais que estabelece como legítimos certos objetivos, que assim se impõem "naturalmente" aos agentes que dele participam. Esses agentes, por sua vez, interiorizam o próprio campo, incorporando suas regras, também de maneira "natural", em suas práticas (o que Bourdieu chama de habitus) **(Miguel, 2003, p. 119)**

As bancadas suprapartidárias fragilizam a relação entre partidos e eleitores, os quais não participam do debate politico e querem solução imediata dos seus problemas, e para eles essas bancadas suprapartidárias confirmam o pensamento que todos os partidos são iguais, as quais de fato são o lobby institucionalizado dentro do congresso nacional e também servem como uma porta para mídia para se destacar os presidentes dessas bancadas e o poder de influência dentro do governo, assim reforçando a necessidade de formalizar a atuação legal do lobby para a atuação dos profissionais de relações institucionais e evitar a corrupção institucionalizada, gerando assim uma forma legal dos grupos de pressão apresentar seus interesses ao parlamento.

Dentre as bancadas suprapartidárias a qual mais se destaca é a FPA(Frente Parlamentar Agropecuária),a qual é constituída e representada pela personalidade jurídica do Instituto Pensar Agropecuário, com estrutura própria de sede e técnicos a serviço para realização de estudos para elaboração de conteúdo para os seus membros apresentarem propostas e material temático para deputados e senadores. A FPA também influência na formação das comissões nas duas casas legislativas, na convocação de membros do governo para prestar esclarecimentos e na realização do lobby institucional para atingir seus objetivos e ocupar espaços no governo.

Assim os partidos se tornaram órgãos administrativos e de defesa de pautas nacionais, e as frentes parlamentares de discursões temáticas, com foco em problemas regionais e estaduais, e com a possibilidade de melhor visibilidade por parte do eleitor da atuação de parlamentares do conhecido baixo clero, mas mesmo assim os partidos políticos tem grande controle sobre o mandato dos parlamentares, e os grandes partidos tem influência nas eleições em virtude da legislação eleitoral a qual dar poderes aos partidos para realizar o recrutamento e seleção das candidaturas e assim apresentando opções de voto para os eleitores, assim pré-estabelecendo os possíveis eleitos, pois no nosso sistema eleitoral brasileiro não é permitido o lançamento de candidaturas independentes, sem filiação partidária, apenas restando ao eleitor para realizar mudanças no parlamento o processo eleitoral para através do voto fazer a renovação das cadeiras, como já em nossa historia recente tivemos grandes mudanças como em 1990 que a câmara dos deputados teve uma renovação de 61%,nessa época eram 495 deputados e apenas 189 foram reeleitos, em 1994 a renovação foi de 54% e em 2018 foi de 52%.

4 BANCADAS SUPRAPARTIDARIAS.

Como foi apresentada aqui, nossa estrutura estatal é formada por uma sequência de heranças institucionais, as quais passaram por transformações em sua maioria forçadas e através de golpes de estado e conjuntamente formou a nossa "democracia", a qual na verdade é uma poliarquia, e em nosso arranjo institucional, o presidencialismo de coalizão, gera possibilidades para constantes instabilidades politicas e deixa cada vez mais claro a necessidade de uma reforma politica profunda para assim poder estabelecer um sistema representativo e uma governabilidade que represente de fato a vontade popular e garanta a continuidade e o equilíbrio institucional da nação, a qual nesse atual momento tem acompanhado o crescimento de uma nova forma de organização politica dentro do parlamento brasileiro, as chamadas bancadas suprapartidárias, as quais são fruto da fragilidade ideológica e programática da maioria dos partidos atuantes no parlamento brasileiro, os quais não conseguem dar respostas aos anseios da população e se focam em questões especificas nacional e não correspondem a necessidades locais do eleitorado, o qual espera respostas imediatas dos seus problemas básicos e pressionam seus parlamentares e cobram soluções, assim tornando as bancadas suprapartidárias como meio viável para os parlamentares terem mais visibilidade e força perante o governo para liberação de recursos para suas bases eleitorais.

Mas essas bancadas também surgem através das necessidades de diversos grupos de pressão da sociedade, inclusive de grupos econômicos, os quais chegam a investir grandes montantes financeiros em eleições de parlamentares para constituir suas bancadas de interesses específicos, chegando a montar complexas estruturas de apoio para desenvolver todos os meios possíveis para elaboração de conteúdo necessário para que os parlamentares possam apresentar argumentos sólidos para os objetivos traçados.

Essas organizações têm maior força e crescimento dentro da câmara dos deputados em virtude da disputa de espaço na atuação parlamenta e na mídia seja entre 513 deputados, e os partidos e suas lideranças que define os espaços de atuação dentro do parlamento e são os intermediários oficiais com o governo, tornando-se assim as bancadas suprapartidárias uma porta aberta para maior visibilidade para os parlamentares terem poder de colocar em foco temas de seu interesse e força junto ao governo, o que não acontece no senado em virtude do numero reduzido de parlamentares ser de 81 senadores, e ser formado por políticos antigos, com muita visibilidade, os quais em sua maioria já foram governadores de estados e até ex-presidente da república, como Também os pequenos partidos tem nas bancadas suprapartidárias a oportunidade de terem mais representatividade e força dentro do congresso, quando juntos defendem temas do interesses dos seus respectivos grupos de pressão e assim fiquem em certos momentos em posição de condição de debate e voto com as demais forças que compõe o parlamento.

O lobby dentro das instituições governamentais é uma realidade em todos os países do mundo, sendo em muitos deles regulamentado por lei para assim evitar a articulação de esquemas de corrupção, criando uma forma legal para os diversos grupos de pressão poderem fazer a defesa de seus interesses através de profissionais de relações institucionais, não sendo ainda o caso do

Brasil, o qual em virtude da fragilidade do nosso sistema eleitoral cria o cenário propicio para a prática da corrupção institucional.

No caso brasileiro existem de forma legal as bancadas suprapartidárias, as quais chegaram a um estagio que forçaram a câmara dos deputados a regulamentar seu funcionamento interno e sua atuação, criando assim uma forma simplificada de partido sem a necessidade dos parlamentares deixarem suas agremiações e mesmo assim junto com outros parlamentares defender interesses comuns, assim como é feito pela mais importante frente parlamentar dentro do congresso nacional, a FPA.

A FPA(Frente Parlamentar Agropecuária) tem personalidade jurídica, e mantem o Instituto Pensar, o qual tem toda estrutura de apoio técnico e financeiro para desenvolver estudos para elaborar material para atuação dos parlamentares membros, tendo também influência na composição das comissões da câmara e do senado, na convocação de membros do governo para prestar esclarecimentos, e realiza um forte lobby institucional para a defesa do setor agropecuário.

Em 2018, em entrevista a pagina de noticias da câmara dos deputados, o diretor do Departamento Intersindical de Assessoria Parlamentar(Diap),Antônio Augusto Queiroz, citou o exemplo da bancada ruralista:

> "Eles têm um padrão de atuação, que é uma coisa impressionante. Tem a figura do coordenador, que é o responsável por fazer a articulação intrabancada.Tem a figura do agitador, que é o sujeito que vai para o plenário, vai para imprensa verbalizar as propostas da frente. E tem a figura do negociador. É um padrão inteligente,articulado,o que faz com que a bancada se torne uma das mais eficazes do parlamento."

Além da FPA, existem várias bancadas suprapartidárias como a bancada de mulheres, sindical, evangélica, segurança pública, educação e a bancada da bala, às quais tem sua influência nas votações no congresso nacional e representam seus respectivos grupos de pressão, as quais no momento atual se tornam cada vez necessárias em virtude de que apenas 12 partidos fazem parte do conjunto de maiores bancadas da câmara dos deputados, sendo essas bancadas necessárias para garantir força a parlamentares com pouca expressão politica frente à estrutura organizacional da câmara dos deputados, a qual tem em uma organização interna espaços de atuação definidos para representantes de bancadas, lideres partidários, lideranças do governo, da oposição, da maioria e da minoria, assim a formação dessas bancadas garante espaços na estrutura da casa legislativa e dos meios de comunicação, se tornando assim uma alternativa para visibilidade de vários grupos de pressão.

A várias bancadas informais, e uma das maiores é a bancada empresarial, a qual conforme dados do Diap (Departamento Intersindical de Assessoria Parlamentar), a bancada empresarial eleita em 2010,representava 45% do Congresso Nacional, e representava 47,95% da câmara dos deputados, tendo na época maiores concentrações no MDB com 43 parlamentares, no DEM com 37,PP com 32 e no PSDB com 24 membros, sendo a bancada empresarial majoritariamente masculina com 231 parlamentares do sexo masculino e 15 do sexo feminino.

A bancada ruralista teve um crescimento nas eleições de 2010, tendo na legislatura de 2011/2015 focado sua atuação para o perdão das dividas de produtores rurais, alterações no Código Florestal Brasileiro, defesa na alteração da legislação ambiental e social, "como algo indispensável para preservação da produtividade e competividade do setor", como também a limitação de compras de terras por estrangeiros, ampliação da infraestrutura e logística e a questão de criação de unidades de conservação e o tema das mudanças climáticas, tendo também em 2018 conseguido derrubar um pacote de vetos do Palácio do Planalto para o setor agropecuário, tendo gerado uma perda de arrecadação de R$ 15 bilhões de reais para o governo federal.

A força das bancadas suprapartidárias é demostrada nesses dados apresentados, e na quantidade de parlamentares envolvidos nessas organizações, conforme demostra dados coletados pelo Diap (Departamento Intersindical de Assessoria Parlamentar),que em 2018 , dos 513 deputados , 285 participavam diretamente da defesa de setores através das bancadas suprapartidárias, tendo bancadas em 2018, como a evangélica, com 82 parlamentares membros; Demostrando que a utilização desse arranjo institucional tem forte influência dentro da câmara dos deputados.

Todo esse arranjo institucional é fruto do nosso sistema multipartidário e sistema eleitoral que não torna claro para o eleitor a forma que é utilizada para eleição dos representantes na atual forma proporcional, e o distanciamento gerado entre eleitor e representante em virtude do grande colégio eleitoral, e assim demostra cada vez mais a necessidade da realização de uma grande reforma politica, sendo um exemplo disso é que dos 35 partidos registrados no TSE, temos 26 partidos com representação na câmara dos deputados, sendo que apenas 12 partidos compõem o conjunto das maiores bancadas, e menos ainda são os partidos com base programática e ideológica de fato, assim enfraquecendo o debate sobre os problemas nacionais e gerando possibilidades para fragilidades em nossa democracia e a falta de entendimento do sistema eleitoral por parte do eleitor, tornando cada vez mais as campanhas personalistas e assim estimulando entre a classe politica a concorrência constante antes, durante e depois das eleições em virtude das disputas em seus estados serem em um único distrito eleitoral.

A forma como são eleitos os parlamentares e o próprio presidente da republica, torna as campanhas personalistas e sem identificação ideológica e programática, condicionando a formação do governo através da formação de uma maioria no congresso com várias correntes ideológicas e de interesses diversos que desconfigura os planos de governo apresentados durante a campanha e criando formas diversas de blocos de pressão como as bancadas suprapartidárias que em virtude da forma interna da câmara dos deputados se torna a única alternativa para parlamentares terem paridade com a força politica da mesa diretora, do colégio de lideres e dos presidentes das comissões temáticas da casa.

Essas bancadas se tornaram tão influentes internamente na câmara de deputados em virtude do aumento em numero no ano de 2002 a 2005, se tornando uma forma de parlamentares ou partidos menos influentes terem força frente à organização interna da casa e do governo, tanto que acabou resultando no ato da mesa diretora Nº 69/2005, assinado pelo então presidente da câmara, o deputado Aldo Rabelo (P c do B), o qual regulamentou a fundação dessas bancadas, estabeleceu critérios de organização, destinação de espaços para reunião, e nos meios de comunicação institucional; mesmo assim em virtude do crescimento vertiginoso de frentes parlamentares, em 2011 o deputado Vicente Candido (PT-SP), teve que apresentar um projeto de resolução de nº 52/2011, no qual ficou estabelecido a necessidade de publicação no diário oficial da câmara e sua formalização em no máximo 60 dias, da ata de fundação e estatuto, estabeleceu também o numero máximo de frentes que os parlamentares podem fazer parte, determinou a apresentação de relatório anual a mesa diretor sobre suas atividades, proibido a criação de frentes com o mesmo tema ou objeto, e estabeleceu o numero mínimo de participantes que deve ser mantido para poder funcionar.

Essas normas foram estabelecidas em virtude do grande crescimento em numero de frentes parlamentares em virtude dos interesses individuais, os quais em virtude do sistema eleitoral cria o campo propicio para a personalização das campanhas e o clima constante de disputa entre seus pares, e a necessidade de respostas imediatas as reinvindicações de suas bases eleitorais e até interesses de grupos econômicos faziam que os parlamentares criassem bancadas de diversos temas e com tamanhos variados, para assim se sobrepor aos partidos e a organização interna da câmara dos deputados, sendo essa organização interna como filtro dos assuntos a serem discutidos e votados no plenário, assim determinando para a maioria dos parlamentares os temas que poderão atuar, pois dificilmente um projeto de um parlamentar que não tenha o apoio destas instancia terá um pleno andamento, então assim as bancadas suprapartidárias se tornam uma opção para incluir na pauta assuntos de interesse de vários parlamentares e grupos de pressão.

"Os deputados federais, buscam, assim, valorizar seus próprios mandatos individuais. Tentam agir em temas que não angariam consenso mobilizatório dentro de seus partidos, mas que possuem

Em suma a relação entre aumento ou diminuição de bancadas suprapartidárias dentro da câmara dos deputados, é fruto da falta de partidos com forte conteúdo programático e ideológico, a fragilidade do nosso sistema eleitoral e a necessidade constante da manutenção de maioria para manter a governabilidade e os interesses de diversos grupos de pressão e de interesses econômicos de diversos seguimentos, sendo tudo isso resultado da falta de informação e de interesse do eleitorado como de fato funciona o sistema eleitoral e o funcionamento institucional do estado, e assim perpetuando um arranjo institucional propicio a crises constantes.

5 CONSIDERAÇÕES FINAIS.

Assim sendo, temos vários problemas de organização institucional os quais são responsáveis pelo surgimento de vários arranjos dentro do nosso arranjo institucional, os quais retratam claramente as consequências de séculos de descontinuidade do aparato estatal e a construção de uma nação sobre bases remendadas e não de fato reformadas ou reconstruídas, e assim resultando em nosso DNA institucional o qual transporta pelos séculos vícios e privilégios e formas erradas de resolver e superar problemas, como também de organização.

A forma como são eleitos os parlamentares e a qualidade destes e dos quais os elege, são um espelho da nossa realidade nacional e fragilidade e falta de base programática e ideológica da maioria dos partidos, que em sua maioria se tornaram distantes da realidade nacional, e assim junto com a fragilidade do nosso sistema eleitoral tornam as campanhas personalistas e sem conteúdo, resultando assim a câmara dos deputados em um caldeirão ideológico, representação clara da fragilidade do nosso multipartidarismo e da fragilidade do nosso arranjo institucional em manter a instabilidade governamental.

Nosso arranjo institucional criar a possibilidade para o surgimento das bancadas suprapartidárias como alternativa para grupos de pressão, pequenos partidos e grupos econômicos realizar o lobby institucional, o qual não é ilegal e é necessária e faz parte da democracia, mas como aqui já foi dito, nossas fragilidades institucionais abrem espaços para que a defesas de interesses através destas bancadas acabem resultando em aparelhamento do estado para beneficio de grupos econômicos em seus interesses contra os interesses da nação, e torna assim claro mais uma vez a necessidade de uma reforma politica profunda que venha mudar as normas de pré-seleção pelos partidos dos seus candidatos, mudanças no sistema eleitoral proporcional para eleição de parlamentares em distritos menores e uninominal, proporcionando uma maior aproximação do eleitor com o eleito, e criar uma melhor cooperação entre os parlamentares dentro do congresso nacional, pois em distritos onde apenas se elege um parlamentar. assim os com mandatos não disputam nos mesmos distritos e assim não cria disputas internas gerando mais cooperação para viabilizar interesses dos demais distritos.

Mas as bancadas suprapartidárias têm seus pontos positivos, pois criar a possibilidade de pequenos partidos e demais grupos de pressão ter a condição de apresentar pautas de interesse da coletividade e se sobrepor a imposição dos grandes partidos e dos grupos econômicos, criando assim um equilíbrio necessário a nossa remendada democracia, e criando um caminho para reinvindicações do eleitorado referentes às necessidades locais e mais urgentes.

Mas como já colocamos aqui, as bancadas suprapartidárias é um arranjo dentro de nosso arranjo institucional, sendo assim necessário que nosso país sai do improviso e construa uma forma e sistema de governo solido e representativo de fato, pois não podemos permanecer como uma poliarquia em remendos permanentes.

Temos a necessidade de estabelecer uma forma de controle às arbitrariedades dos poderes constituídos, colocando o comando das Forças Armadas, o poder de decreto e do veto de leis, como a representação do estado em um novo poder, o qual tenha um ocupante do cargo que não dependa de eleições para chegar ao cargo e nem sua substituição, totalmente desvinculado de partidos políticos, sem ligação ou que venha de alguns dos três poderes, que o ocupante do cargo seja selecionado através de concurso público, e que apenas seja substituído em virtude de renuncia ou morte, podendo ser de forma hereditária, mas desta forma apenas por direito legitimo dos herdeiros do Imperador Dom Pedro II, constituindo assim o Poder Moderador, então dessa forma teríamos uma forma legitima de resolver as crises institucionais entre os poderes e a colaboração e mais dialogo entre as instituições, pois o poder moderador teria o poder de dar a palavra final em questões em que os demais poderes não entrassem em acordo, e também poderia dissolver o parlamento e convocar novas eleições e eliminar crises institucionais.

Deveria ser mantida a figura do Presidente da República, eleito pelo voto direto, mas sem poderes para editar decretos, o qual caberia ao poder moderador, podendo apresentar proposta de leis ao Congresso Nacional, as quais depois da sua aprovação dependeriam da sanção do Poder Moderador, exerceria a função executiva do estado, nomearia e exoneraria ministros e demais cargos do governo, realizaria a arrecadação de impostos e executaria as despesas e exerceria as demais funções executivas, seria o chefe de governo, cabendo à chefia do estado ao Poder Moderador.

O multipartidarismo e a fragilidade programática e ideológica da maioria dos partidos existentes enfraquece o debate politica nos poderes legislativos e torna as campanhas e os mandatos personalistas, então deveriam ser realizados estudos para criação dos Comitês dos Partidos Políticos, no total de três, sendo um da direita, um do centro e outro de esquerda, formados com um representante de cada partido do respectivo seguimento, com poderes para realizar o fechamento de questão sobre as matérias em discursão nos parlamentos, controlar o fundo partidário e eleitoral e sua distribuição aos partidos do seu seguimento, assim criando apenas três representações ideológicas e em harmonia nos parlamentos e tornando claro para o eleitor as posições ideológicas e assim cabendo ao eleitor eleger uma maioria do seguimento o qual deseja direcionar o governo.

Nosso sistema eleitoral frágil e confuso para o eleitorado deveria ser transformado em um sistema majoritário distrital, elegendo os parlamentares de todos os poderes legislativo em distritos uninominais quantos forem a quantidade de vagas dos respectivos parlamentos, com a possibilidade dos partidos apresentarem quantos candidatos fosse aprovados em suas convenções distritais, e os eleitos fosse de forma majoritária e não mais proporcional como a forma atual, sendo eleitos apenas aqueles que tivessem a maioria dos votos, um por distrito, criando assim uma maior proximidade do eleitor com o eleito e criando mais colaboração entre os detentores de mandatos dentro das casas legislativas em virtude de não concorrem entre si para permanecerem na vaga para qual foram eleitos.

Criar na grande curricular nacional em todos os níveis de ensino a matéria sobre o sistema eleitoral e o arranjo eleitoral brasileiro, como forma de melhorar a qualidade do voto do eleitorado e tornar claro para o eleitor o funcionamento do sistema eleitoral e das instituições a qual ele financia com o pagamento dos seus impostos.

Todas essas formas apresentadas para constituir uma nova forma e sistema de governo devem ser um norte para realização de vários estudos e a realização de debates com todos os seguimentos da sociedade brasileira para poder construir de fato uma proposta solida e que represente a verdadeira vontade popular, a qual pode ser declarada através de um plebiscito nacional para aprovação ou não das normas discutidas e formuladas pelos seguimentos e depois aprovadas pelo parlamento, e assim sairmos definitivamente de arranjos institucionais sobrepostos durante toda nossa historia.

REFERÊNCIAS.

ABRANCHES, Sérgio Henrique. **Presidencialismo de Coalizão: O Dilema Institucional Brasileiro.** Rio de Janeiro, Dados, Revista de Ciências Sociais, 1988

CODATO, A., COSTA, L.D. & MASSIMO, L., 2014. **Classificando ocupações prévias à entrada na política: uma discussão metodológica e um teste empírico. Opinião Pública,** 20(3), pp.346–362. DOI http://dx.doi.org/10.1590/1807-01912014203346

Como estudar elites [How to study elites] (PDF Download Available). Available from:
https://www.researchgate.net/publication/303444687_Como_estudar_elites_How_to_study_elites [accessed Apr 24 2018].

https://www2.camara.leg.br/camaranoticias/noticias/POLITICA/561536-BANCADAS-SUPRAPARTIDARIAS-DEFENDEM-DIVERSOS-SEGMENTOS-SOCIAIS-NO-CONGRESSO.html

https://www.diap.org.br/images/stories/publicacoesDIAP/Radiografia_011/Radiografia_011_P35.pdf

Miguel, Luís Felipe. (2003). **Capital político e carreira eleitoral: algumas variáveis na eleição para o Congresso brasileiro. *Revista de Sociologia e Política*,** (20), 115-134. http://dx.doi.org/10.1590/1807-01912014203346

MARENCO DOS SANTOS, **A. Nas fronteiras do campo político. Raposas eoutsiders no Congresso Nacional.** Revista Brasileira de Ciências Sociais, v. 12, n. 33, p. 87-101, fev. 1997. http://bit.ly/1fiISge

MARENCO, André and SERNA, **Miguel. Por que carreiras políticas na esquerda e na direita não são iguais? Recrutamento legislativo em Brasil, Chile e Uruguai**. Rev. bras. Ci. Soc. [online]. 2007, vol.22, n.64. http://www.scielo.br/scielo.php?script=sci_arttext&pid=S0102-69092007000200008&lng=en&nrm=iso&tlng=p

NORRIS, Pippa. (2013). **Recrutamento político**. Revista de Sociologia e Política, 21(46), 11-32. doi.org/10.1590/S0104-44782013000200002
O acesso dos grupos de interesse às instâncias decisórias do Congresso Nacional.

https://politica.estadao.com.br/noticias/eleicoes,bancadas-do-lobby-tentam-reeleicao,70002464485

REIS, Gustavo **Impactos das Frentes Parlamentares na Dinâmica do Congresso Nacional durante a Presidência do Partidos dos Trabalhadores (52° a 54° Legislatura).**
http://repositorio.unb.br/bitstream/10482/16818/1/2014_GustavoTadeuReisSilva.pdf

RODRIGUES, Leôncio Martins. Partidos, ideologia e composição social. Rev. bras. Ci. Soc. [online]. 2002, vol.17, n.48. http://www.scielo.br/scielo.php?script=sci_arttext&pid=S0102-69092002000100004

-Santos, Wanderley Guilherme dos. (2013). O sistema oligárquico representativo da Primeira República. *Dados, 56*(1), 9-37. https://dx.doi.org/10.1590/S0011-52582013000100002

https://pt.wikipedia.org/wiki/Consci%C3%AAncia_coletiva